HORMIGAS
ANTS

BIBLIOTECA DEL DESCUBRIMIENTO DE INSECTOS
INSECTS DISCOVERY LIBRARY

Jason Cooper

Rourke Publishing LLC
Vero Beach, Florida 32964

www.rourkepublishing.com

PHOTO CREDITS: Cover, p. 4, 10 (large), 15 © James H. Carmichael; title page, p. 9, 10 (inset), 13, 16 (both), 21, 22 © Alex Wild; p. 7, 8, 18 © Lynn M. Stone

Translator: Anita Constantino

Title page: Hormigas anaranjadas atacan una hormiga negra cuando invaden un nido.

Library of Congress Cataloging-in-Publication Data

Cooper, Jason, 1942-
 [Ants. Spanish/English Bilingual]
 Hormigas / Jason Cooper.
    p. cm. -- (Biblioteca del descubrimiento de insectos)
 Includes bibliographical references and index.
 ISBN 1-59515-650-X (hardcover)
 1. Ants--Juvenile literature. I. Title. II. Series.
QL568.F7C77618 2005
595.79'6--dc22
                         2005022782

Impreso en los Estados Unidos

Rourke Publishing

www.rourkepublishing.com – sales@rourkepublishing.com
Post Office Box 3328, Vero Beach, FL 32964

1-800-394-7055

CONTENIDO
TABLE OF CONTENTS

Hormigas

La próxima vez que veas una hormiga, examínala con detalle. Todas las hormigas tienen seis patas, que significa que son **insectos**.

Hay más de 8,000 clases de hormigas. Muchas son muy pequeñas. Las hormigas más grandes miden solo 1 pulgada (2.5 centímetros) de largo.

Ants

Ants all have six legs, which means they are **insects**.

There are more than 8,000 kinds of ants. Most are very small. The largest ants are just 1 inch (2.5 centimeters) long.

Una hormiga segadora muestra sus mandíbulas que usa para morder.

A harvester ant shows its mouth.

Las hormigas viven juntas en **colonias**. Cada hormiga en una colonia tiene su propio trabajo. Las hormigas obreras recolectan comida y a menudo comparten tareas.

Ants live together in **colonies**. Each ant in a colony has a job to do. Worker ants collect food. Ants often share jobs.

Ants live and work together in colonies.

Las hormigas viven y trabajan juntas en colonias.

Muchas hormigas tienen un **aguijón**. El aguijón de una hormiga está en el extremo trasero de su cuerpo. Las avispas y las abejas también tienen un aguijón.

Many ants have a **stinger**. An ant's stinger is at the far end of its body. Wasps and bees also have stingers.

El aguijon de la hormiga te puede causar mucho dolor.

The ant stinger can really hurt you.

Las abejas y las avispas son parientes de las hormigas.

Bees and wasps are relatives of ants.

Las hormigas tejedoran hacen sus nidos en las hojas.

Weaver ants make their nests in leaves.

Donde Viven las Hormigas

Se pueden encontrar hormigas en cualquier lugar donde hay tierra seca. Las hormigas viven debajo de la tierra o en montículos de tierra. También pueden vivir debajo de la corteza de árboles. Algunas clases de hormigas viven en áticos.

Where Ants Live

Ants may be found almost anywhere on dry land. Ants live underground. They live in dirt mounds. Ants live under tree bark. Some kinds live in attics.

Casi todas las hormigas son negras o de color marrón.

Most ants are brown or black.

Siendo una Hormiga

Las hormigas son pequeñas, pero son fuertes. ¡Una hormiga puede levantar el peso de quizás 30 otras hormigas! ¿Puedes levantar 30 de tus compañeros?

Being an Ant

Ants are small, but they are strong. One ant can lift the weight of perhaps 30 other ants! Can you lift 30 classmates?

A worker honeypot ant moves a queen.

Una hormiga obrera mueve a su reina.

Las hormigas tienen una vida asombrosa. Algunas clases protegen a otros insectos como los **áfidos**. Los áfidos hacen comida para las hormigas.

Ants lead amazing lives. Some kinds guard other insects like **aphids**. The aphids make food for the ants.

A leaf-cutter ant lifts a leaf and several worker ants.

Esta hormiga defoliadora levanta una hoja que ha cortado. En la hoja están varias hormigas obreras.

Una hormiga bebe una gota de miel de un áfido.

An ant drinks a drop of honeydew from an aphid.

Comida de Hormigas

Algunas clases de hormigas atacan a otros animales para obtener su comida. Diferentes clases de hormigas comen diferentes comidas. Hormigas de ejército comen insectos. Algunas hormigas comen semillas o migajas de comida. Otras comen animales muertos o **miel** de áfidos.

Ant Food

Some kinds of ants attack other animals for food. Different kinds of ants eat different foods. Army ants eat insects. Some ants eat seeds or food crumbs. Others eat dead animals or aphid **honeydew**.

Los áfidos hacen miel para las hormigas.

Aphids make honeydew for ants.

Muchos animales comen hormigas. A los lagartos les gusta comer hormigas. ¿Qué crees que les gusta comer a los osos hormigueros?

Ants are eaten by many animals. Lizards love ants. What do you think anteaters eat?

Este lagarto cornudo ha encontrado una colonia de hormigas.

A horned lizard has found an ant colony.

Hormigas Pequeñas

La hormiga reina es la única que deposita huevos. Los bebés que nacen parecen gusanos. Se les llama **larva**.

Al pasar un tiempo las larvas cambian a otra etapa de vida. Ésta se llama la **pupa**. La pupa se convierte en la hormiga adulta.

Young Ants

Only the queen ant lays eggs. The babies that hatch look like worms. They are called **larva**.

In time the larva change into another stage of life. This is called the **pupa**. The pupa changes into an adult ant.

A trap-jaw ant gently moves a larva in the nest.

Esta hormiga mueve muy delicadamente una larva en el nido.

¿Supiste tú?

Las hormigas de fuego de América del Sur, que están en la parte sur de los Estados Unidos, comen cosechas y animales pequeños.

Did You Know?

Fire ants in the southern United States eat crops and small animals.

GLOSARIO/GLOSSARY

áfidos (A fih doz) — pequeños insectos que comen plantas
aphids (AY fidz) — tiny insects that eat plants

colonias (ko LOH niaz) —grupos de insectos que viven y trabajan juntos
colonies (KOL uh neez) — groups of insects that live andwork together

miel (MIEL) — un líquido dulce hecho por algunos insectos, como los áfidos
honeydew (HUN ee DYU) — a sweet liquid made by some insects, like aphids

insectos (in SEK toz) — animales pequeños con seis patas que no tienen huesos
insects (IN SEKTZ) — small, boneless animals with six legs

larva (LAR vah) — una etapa en la vida de un insecto antes de
que se convierte en un adulto
larva (LAR vuh) — a stage of an insect's life before it becomes an adult

pupa (PUH pah) — la última etapa de vida para algunos insectos
antes de que se convierte en un adulto
pupa (PYU puh) — the quiet, final stage of life for some insects before they
become adults

aguijón (ah geeh HON) — un órgano pequeño pero alfilado que causa
un picada
stinger (STING ur) — a small but sharp organ that causes a sting

*Estas hormigas de fuego bullen
sobre un saltamontes muerto.*

*Fire ants swarm over a
grasshopper.*

23

INDEX

Lecturas adicionales/Further Reading

Gomel, Luc. *Face-to-Face with the Ant*. Charlesbridge, 2001

Hodge, Deborah. *Ants*. Kids Can Press, 2004

Páginas en el internet/Websites to Visit

http://www.worldalmanacforkids.com/explore/animals/ant.html

http://www.zoomschool.com/subjects/insects/ant/

Acerca del Autor/About the Author

Jason Cooper ha escrito muchos libros infantiles para Rourke Publishing sobre una variedad de temas. Cooper viaja a menudo para recolectar información para sus libros.

Jason Cooper has written many children's books for Rourke Publishing about a variety of topics. Cooper travels widely to gather information for his books.